Die flüchtige Muse

Gedichte

Arthur Häny

novum pro

www.novumverlag.com

Bibliografische Information
der Deutschen Nationalbibliothek:

Die Deutsche Nationalbibliothek
verzeichnet diese Publikation in
der Deutschen Nationalbibliografie.
Detaillierte bibliografische Daten
sind im Internet über
http://www.d-nb.de abrufbar.

Alle Rechte der Verbreitung,
auch durch Film, Funk und Fernsehen,
fotomechanische Wiedergabe,
Tonträger, elektronische Datenträger
und auszugsweisen Nachdruck,
sind vorbehalten.

© 2016 novum Verlag

ISBN 978-3-99048-630-6
Lektorat: Christine Schranz
Umschlagfoto:
Maryia Bahutskaya | Dreamstime.com
Umschlaggestaltung, Layout & Satz:
novum Verlag

Gedruckt in der Europäischen Union
auf umweltfreundlichem, chlor- und
säurefrei gebleichtem Papier.

www.novumverlag.com

Der Bleistift

Der schwarze Bleistift, A. W. Faber,
ein stiller Freund aus alten Tagen,
liegt noch bereit zum Schreiben, aber
was hab' ich überhaupt zu sagen?

Ist nicht vom Guten und vom Wahren,
von all dem Sehnen, Hoffen, Lieben,
seit abertausend langen Jahren
schon all und jedes aufgeschrieben?

Doch wenn ein freudiger Morgen tagt,
ist alles wieder ungesagt.
Was hilft's, zu zagen und zu klagen?
Ergreif den Stift, du musst es wagen!

Das Ohrensausen

Wenn die Bücher mir
keine Antwort mehr geben,
wenn selbst der Stift mir erlahmt in der Hand,

dann sausen mir
doch noch die Ohren,
zum Zeichen, dass es mich immer noch gibt.

Du himmlische Hebamme du

Du himmlische Hebamme du,
jetzt schneide mir in einem Nu
trotz meinem schrillen Schmerzensschrei
die dicke Nabelschnur entzwei,
die mich noch stets gebunden hält
am Wunsch nach Geltung in der Welt!
Ist diese Schnur einmal durchschnitten,
dann bin ich allem Wahn entglitten,
dann bin ich glücklich und befreit –
jedoch der Weg dahin war weit.

Keine Worte mehr

Ich glaube ja schon,
dass man im Jenseits drüben
gar keine Worte mehr braucht,

dass Gesten und Winke
und sprechende Blicke
den seligen Seelen ganz genügen.

Doch die liebe deutsche Sprache
möchte ich sogar im Himmel
gar nicht gerne ganz vermissen.

Die flüchtige Muse

Ein schönes Mädchen sprang auf mich zu
mit lustig wippendem Busen;
ich stand und staunte und dachte: Nanu,
das ist wohl eine der Musen,

die will mich begeistern zu einem Gedicht!
Doch ist sie vorübergesprungen …
Und darum weiss ich wirklich nicht:
Sind mir diese Verse gelungen?

Die Verliebten

Wenn ihr den Weg zu zweien geht,
ist er nur halb so lang, ich meine –
er wird von Blütenduft umweht –
doch achtet auf die Stolpersteine!

Auf einer Bank

Sie sitzen beide
auf *einer* Bank
mit einem schicklichen Zwischenraum.

Auf einmal niest sie;
er wünscht ihr Gesundheit;
sie lächeln sich schräg von der Seite an

und rücken einander näher.

Leichte Fahrt

Im Kielwasser
eines jungen Mädchens zu segeln –
wie leicht du vorankommst!

Sie trägt eine lila Kappe, scheps,
hält eine Orange in der Hand,
und ihre Schärpe flattert im kühlen Wind.

Liesse sie doch die Orange fallen,
dass du sie ihr aufheben könntest –
bekämest sie endlich von vorn zu sehn!

Der Froschkönig aus Plastik

Stolz aufgerichtet sitzt er da,
mit einem klitzekleinen Krönlein
über den ulkigen Kulleraugen.

Das Froschsein, meint er,
sei nur ein böser Traum,
aus dem er bald als Mensch erwache

und königlich den Thron besteige,
den man ihm aus lauter Bosheit
schon so lange vorenthalte.

Die Kaffeeklage

Das tut meiner Frau in der Seele weh,
es gibt zum Frühstück keinen Kaffee!
Die Kaffeemaschine, denkt euch nur,
musste in die Reparatur!
Zwar ohne den roten Trank der Reben
kann man zur Not eine Weile leben;
nicht aber ohne den braunen Saft,
welcher klare Gedanken schafft!
Er macht uns Mut, er lindert Wunden,
und wär's auch nur für ein paar Stunden!

Ich gehe jetzt fort

Was wollen alle die Bücher dort?
Mich noch belehren? Ich gehe jetzt fort
und lasse den Leib im Lehnstuhl liegen,
beginne wunderbar zu fliegen
und fahre über mich hinaus
aus diesem Zimmer, aus dem Haus,
und fahre ohne Angst und Reue
tief in die lichte Himmelsbläue.

Entschlafen

Warum nur hat man den Tod
ein Entschlafen genannt,
wo doch das Leben auf Erden hier
schon selber ein Schlaf ist?

Aber dem Schlaf
kann keiner entschlafen;
nur ein Erwachen
endet den Schlaf!

Der Schlaf

Allauflösender, sanfter Schlaf,
du süsseste Gabe des Daseins!

Ich möchte schlafen, jahrelang,
um dann am Ende zu erwachen

in einer milden, gütigen Welt,
in der es sich zu leben lohnte.

Neurodermitis

Es ist mir
gar nicht mehr wohl
in der eigenen Haut,

denn Brust und Arme
sind zornig gerötet
und brennen und jucken entsetzlich,

als hätte mich
ein heilloser Schurke
mitten in die Brennnesseln geworfen.

Ich muss ja wohl
die Hölle durchwandern,
bevor ich reif für den Himmel bin.

Wie sie rennt, die Zeit

Wie sie rennt, die Zeit, mit Nächten und Tagen
und tausend mickrigen Alltagsplagen!
Doch wird sie uns dereinst entgleiten
und keine Mühsal mehr bereiten.

Dann leuchtet uns, mit *einem* Schlag,
ein milder, unvergänglicher Tag!
Der Trug zerrinnt, wir bleiben stehen
und können die göttliche Wahrheit sehen.

Das Rösslein

Wie ein ungebärdiges Rösslein
springt meine Seele
im engen Gehege
des Körpers herum,

schüttelt die Mähne
und wiehert vor Sehnsucht,
auszubrechen in die grünen,
tiefen Prärien der Ewigkeit.

Heimgerufen

Heimgerufen
und zu den Vätern versammelt
bist du schon längst, mein lieber Vater,
und hast dich nicht auf die Erde zurückgesehnt.

Wie Wilhelm Tell auf dem stürmischen Urnersee
zum Ufer steuerte, kühn den Kahn
abstossend, auf die Felsplatte sprang –
so sprangst du ab von dieser Erde.

Die Verstorbenen

Die Verstorbenen
schimmern manchmal
wieder auf in unserer Seele,

schwer erkennbar
durch den Nebel
all der lange vergangenen Jahre.

Und sie scheinen uns von weitem
voller Mitleid anzusehen –
dann entschwinden sie uns wieder.

Für Marieluise

Einsam wär ich,
wie ein auf den Mond
oder auf einen fernen Planeten
abgetriebener Astronaut –
wenn du nicht wärest,
meine Geliebte!

Am anderen Ufer

Gestern nacht noch
schlief ich ein
am altvertrauten Ufer des Flusses.

Heute morgen
bin ich erwacht
am anderen Ufer.

Ein Engel trug mich über den Fluss.

Unsommer du

Unsommer du voll Not und Plagen,
mit allzu vielen kalten Tagen,
mit kurzer Hitze, langem Regen,
versumpften Wiesen, kotigen Wegen!

Wie früh schickst du dich an zu gehen,
und niemand ruft: Auf Wiedersehen!
Schon fällt das Laub von allen Bäumen;
den wahren Sommer muss ich mir erträumen.

Das Buchenblatt

Das Buchenblatt, wenn es sich löst
vom Zweig an einem sonnigen Herbsttag,
es schaukelt eine Weile noch
im Wechselspiel von Licht und Schatten,
bevor es sich gelassen legt
ans Herz der Erde.

Ausblick im November

Leise regt sich
die halb entblätterte
Weide vor dem Vorhang des Nebels.

Noch knapp erkennst du
dort drüben die Lärche,
auf welcher ein mächtiger Rabe sitzt.

Wunderbarer Winterjasmin

Wunderbarer Winterjasmin,
der du die nackte Balkonwand
mit goldenen Sternen übersäst,

mitten in der graulich dunklen,
dumpfen Kälte des Dezembers
bringst du's über dich zu blühn!

Der verträumte Junge

Da war einst ein verträumter Junge,
der kickte manchmal einen Stein
lang vor sich her, der Strasse nach,
und liess ihn endlich wieder liegen.

Der Stein hat wenig nur gelitten;
er lag dann einfach anderswo.
Er wäre wohl noch jetzt zu finden –
nur der verträumte Junge nicht.

Depression

Wie lange weile ich schon hier
und denke immer dieselben Gedanken
in dieser Erde Dunstrevier
und ihren beengenden Schranken!

Der schönste Tiger verkommt im Zoo,
sieht kaum mehr durch die Gitterstäbe.
Die Freiheit wäre wohl anderswo –
wenn es die Freiheit gäbe.

Die alte Agenda

In einer alten Agenda zu graben –
was da nicht alles zum Vorschein kommt –
wie Engerlinge, die sich krümmen
am ungewohnten Tageslicht!

Schaufle alles wieder zu!
Diesen wunderlichen Dingern
ist es nämlich sehr viel wohler
unten im Dunkel.

Stillstand

„Stillstand" heisst es auf Deutsch,
„standstill" auf Englisch –
Gibt es das denn überhaupt?

Wenn die Bäume auch reglos stehen,
ahnen sie doch schon
den kommenden Sturm.

Das Glück

Wenn dann
nach langem Zögern
endlich die Woge
des Glücks heranrollt,
dann gib dich ihr
vertrauend hin
und lass dich tragen
weit hinaus
ins Meer der Freude!

Wie wirkst Du, Herr

Wie wirkst Du, Herr,
Gerechtigkeit
in dieser Welt voll Trug und Trübsal?

*Meine Wege sind
nicht eure Wege* –
gibst Du deutlich zu verstehen.

So schaff uns Augen,
Dich zu sehen,
wenn Du leise vorübergehst!

Auf dem Trampolin der Erde

Auf dem Trampolin der Erde
spring ich hoch und immer höher,
bis ich glücklich eine Wolke
mit der Hand zu fassen kriege
und mich auf ihr weiches, weisses
Lager schwinge und voll Freude
fahre dem ewigen Sommer zu.

Wenn du erwachst

Wenn du erwachst aus einem ruhigen Schlaf,
mit einem von Johann Sebastian Bachs
vollkommenen Präludien im Ohr,

und nun hinaus auf den Balkon trittst –
die Sonne steht schon hoch am Himmel,
die Hyazinthen duften und die Forsythien blühn –

dann findest du mit einem Mal,
dein Leben sei ja wirklich nicht
umsonst gewesen.

Das Präludium

Welch ein langsames Auf und Ab
voll herrlich wechselnder Farben –
o lieber Johann Sebastian,

ich träume, ein Gedicht zu schreiben,
das wäre so vollkommen schön
wie dein Präludium b-Moll!*

---

* Nr. 22 aus dem ersten Band des „Wohltemperierten Klaviers".

Sternklare Nacht

Nicht auszuloten,
unendlich ist
die Tiefe des Weltalls.

Hätte ich Siebenmeilenstiefel
und könnte springen von Stern zu Stern –
ich käme doch nie an ein Ende.

In den Sternen

Ich bin bis in die Sterne gestiegen
und liess die Erde unten liegen
mit ihren Abenden und Morgen
und Nächten voller Angst und Sorgen.
Ich fühl mich alledem enthoben;
hier gibt's kein Unten und kein Oben,
hier gibt es weder Lust noch Gram;
denn wer bis in die Sterne kam,
kennt nur noch die beglückte Stille,
und abgetan sind Wunsch und Wille.

Lustige Dinger

Ein samtener Löwe und niedliche Puppen,
ein Kätzchen, eingerollt zum Schlaf,
dazu noch einige Spielzeugautos –
die haben sich ganz ungeniert
vor meinen Büchern einquartiert.

Es kommt ja kaum ein Kind vorbei,
dem ich die Dinger schenken könnte;
doch bleiben sie auch gern bei mir,
der ich in meinen alten Tagen
noch immer ein Kind bin!

Das böse Spiel

Eine hübsche streunende Katze,
die hatte sich eine Eidechse gefangen
und spielte mit ihr.

Doch meine Frau nahm sie am Kragen,
zwang sie, das Tierlein loszulassen,
das noch mit knapper Not entschlüpfte.

Wie nimmt sich doch bei manchen Wesen
die Grausamkeit so zierlich aus
wie reine Unschuld!

Wenn mein Gehör

Wenn mein Gehör
nachlassen sollte,
bliebe mir manches Geschwätz erspart.

Aber verloren gingen mir auch
Beethovens innig liebevolle
Pianissimo-Passagen,

und ich schräke erst wieder auf,
wenn er auf einmal, in heiligem Zorn,
sich über die schlechte Welt empörte.

How do you do?

Wie vielen Leuten
bist du begegnet schon
im Laufe deines langen Lebens!

Ein Händeschütteln –
man fragte: „Wie geht's?",
und jeder zog seines eigenen Weges.

Rede von Glück, wenn du
auch einem einzigen Menschen nur
von ganzem Herzen angehörst!

Das kann doch nicht alles sein

Nein, o nein,
das kann doch nicht *alles* sein,
dies Hasten und Hetzen
auf Strassen und Plätzen,
dies Ameisenwimmeln
in Shopping-Himmeln!

Nein, o nein,
das kann doch nicht *alles* sein,
hoch über diesem wirren Gewimmel
gibt es noch einen wirklichen Himmel.

Ermunterung

Wenn es mir mulmig zumute wird
ob all den Querelen des täglichen Lebens,
dann stell ich mich stracks vor den Spiegel hin
und ziehe die Winkel des Mundes hoch
und strahle mich mächtig an und sage:
„Nur Mut! Wir beiden, wir schaffen das!"

Gottes Geduld

An Gott ist alles bewundernswert,
aber am wunderbarsten ist
für mich Ungeduldigen seine Geduld.

Die Sonne lässt er gross aufgehen,
sendet Wind und Regen aus,
ohne je sich aufzuregen

über das mickrige Menschenvolk!

Das weisse Mädchen

In einem blüten-
weissen Röcklein
trippelte es an Vaters Hand.

Einmal hüpfte es
lustig voraus;
dann wieder gab es ihm brav die Hand.

Unvermittelt
fiel sein Blick
im Vorübergehn auf mich,

so liebevoll, so freudestrahlend –
mich streifte ein Hauch
von Seligkeit.

Die Rose 1

Abgelenkt
durch Sorgen und Ängste,
versäumte ich, die Rose zu grüssen,
die herrlich blühte am Gartenzaun.

Die Rose 2

Ich liebe dich, du schöne Rose,
und nehme dich ins Herz hinein,
damit du dort für immer blühst
und nie verblätterst.

Daheim

Es war ein sonniger Sommermorgen.
Ich stand an einem Blumenbeet.
Da streifte mich eine berückende Ahnung.

Wann war das wohl, wo war das wohl,
dass es auch so nach Rosen roch,
o nach unsäglicher Seligkeit?

Das muss – daheim gewesen sein!
Die himmlische Heimat grüsste mich
aus tiefer Ferne.

An den Mond

Vorübergängliche sind wir auf Erden
und lärmen viel, um beachtet zu werden.

Gar so leise, so sanft wie du,
weiss kein einziger Mensch zu gehen.

Unsere Schreie verwehen im Nu;
deine Stille bleibt bestehen.

Abendmond

Zwischen den abendrötlichen Föhren
schimmert bleich der schmächtige Mond.
Aus der immer dunkleren Bläue
saugt er das schwindende Sonnenlicht.

Seiner selbst noch nicht ganz sicher,
tritt er den Gang in den Himmel an,
wissend, dass nur er bestimmt ist,
zu erleuchten die kommende Nacht.

Die Doppelsicht

Ich erschrecke nur mässig,
wenn meine Liebste mich
auf einmal aus vier Augen ansieht.

Auch über der Strasse dort
seh ich manchmal einen Mann
doppelt seines Weges gehen,

beide völlig
gleich gekleidet
und beide im Gleichschritt.

Der Autor

Arthur Häny wurde 1924 geboren. Der Schweizer Autor verbrachte seine Kindheit im Aargau, das Gymnasium und die Universität besuchte er in Zürich, wo er auch promovierte. Ab 1948 arbeitete er bis zu seiner Pensionierung 1989 als Hauptlehrer für Deutsch und Alte Sprachen. Er ist verheiratet und hat zwei Töchter.

Seine Leidenschaft ist das Schreiben, er verfasste zahlreiche Textkritiken, Gedichte, Erzählungen und zwei Romane. Außerdem spielt er gerne Klavier.